우리 학교 급식은 어떻게 만들어 질까요?

글 이은영 | 그림 이갑규

봄소풍

학교에서 가장 즐거운 시간이 언제인가요?
아하, 급식 시간이라고요!
많은 친구들이 그렇게 생각할 것 같아요.
그럼 여러분이 좋아하는 급식은 과연 어떻게 만들어질까요?
급식이 식판에 올라가기까지는
아주 많은 과정을 거쳐야 한답니다.
오늘은 영양 선생님의 하루를 한번 따라가 볼까요?
고고고!!!

급식실의 하루는 무척 일찍 시작한답니다.
지금은 아침 7시 30분이에요.
조리사 선생님들이 일찍 출근해서 여러분에게
맛있고 건강한 급식을 제공하기 위해 부지런히 준비하고 있어요.
먼저 오늘 급식실에서 사용할 소독액을 만들어요.
그리고 조리 기구들이 이상 없는지 점검해요.

이제 영양 선생님과 조리사 선생님들이 모두 출근을 했어요.
바로 조리사 선생님들의 건강을 체크해요.
"아프신 분 없이 모두 건강하네요."

이제 본격적으로 급식 만들 준비를 해 볼 거예요.
조리사 선생님들이 위생복을 꼼꼼하게 살펴보고 있어요.
"우리는 위생적인 급식을 위해 머리카락 한 올도 허용하지 않겠다."라는
마음가짐으로 거울을 보며 머리카락을 위생 모자 속으로
쏙쏙 집어넣고 마스크도 쓰지요.
혹시 머리카락이나 다른 이물질이
위생복에 묻어 있는지 서로서로 점검해요.

위생복을 입은 뒤에는 방수 앞치마를 입어요.
급식실에는 뜨거운 물, 뜨거운 기름, 칼과 같이 위험한 것들이 많아요.
그래서 조리사 선생님들은 위생복 위에 방수 앞치마뿐만 아니라
고무장갑, 방수 토시, 미끄러지지 않는 고무장화 등의
보호 장구를 항상 착용하고 작업한답니다.

★ 급식 만드는 순서를 알아볼까요? ★

급식을 만드는 순서는 크게 검수, 전처리, 조리, 세척 이렇게 4단계로 나눌 수 있어요.

1. 검수

식재료들이 신선한지, 좋은 품질의 제품인지,
또 수량은 주문한 대로 잘 들어왔는지 등을
확인하는 과정이에요.

2. 전처리

조리하기 전 준비 단계예요.
조리하기 전 채소, 과일 등을 깨끗하게 씻고
다듬고, 소독하고, 고기는 맛있게 양념해요.

3. 조리

전처리한 채소와 고기, 해물을
볶고, 무치고, 튀기고,
오븐에 굽기도 해요.

4. 세척

다 먹은 식판을 깨끗하게
설거지해요.

★ 급식실의 앞치마와 고무장갑 ★

집에서는 설거지할 때만 고무장갑을 끼는데, 학교에서는 왜 고무장갑을 끼고 조리하는지 궁금하지요? 손에 있는 지문 틈틈이 세균이 있을 수 있기 때문이에요. 학교에서는 더욱 위생적인 급식을 위해 손 소독을 한 다음 고무장갑을 끼고 조리를 합니다. 작업 단계마다 서로 다른 색깔의 앞치마와 고무장갑을 착용해야 해요. 세균이 옮겨 가지 않도록 분리해서 사용하는 것이지요.

전처리

조리

세척

배식

이제 준비가 다 됐네요.
맛있는 급식을 위해 출발!
앗, 아직 빠진 것이 있어요.
바로 손을 깨끗하게 씻는 것이랍니다.
식중독을 예방하기 위해 손 씻는 데
무척 공을 들여요.

급식실에는 발로 누르면 물이 나오는 손세정대가 있어요.
손세정대 손잡이에도 많은 세균과 오염 물질이 있기 때문에
발로 눌러서 물이 나오게 만들었어요.
조리사 선생님들이 손톱 솔에 비누를 묻혀
쓱싹쓱싹 손톱까지 깨끗하게 씻어요.
손을 소독한 뒤에는 고무장갑을 끼고 고무장갑도
마찬가지로 뽀도독뽀도독 씻은 후 소독을 합니다.
영양 선생님도 조리실에 들어가기 위해서는
위생 가운을 입고 모자와 마스크를 써야 해요.
영양 선생님 위생복은 조리사 선생님 위생복과 조금 달라요.
의사 선생님이 입는 가운과 비슷하게 생겼어요.
영양 선생님도 손세정대에서 손을 깨끗하게 씻고
위생 장갑을 끼고 소독을 해요.

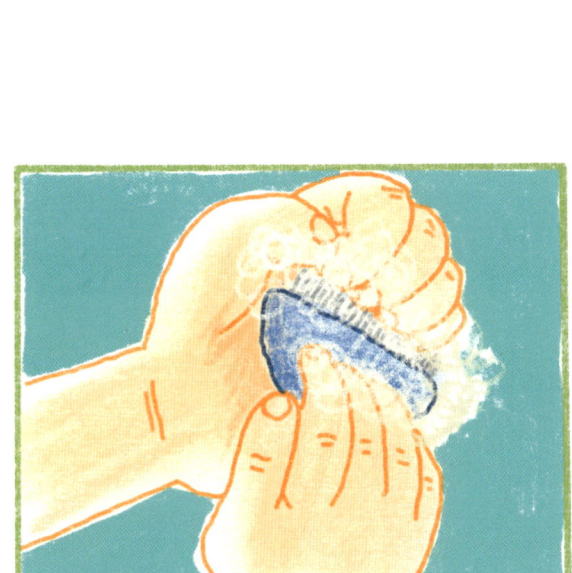
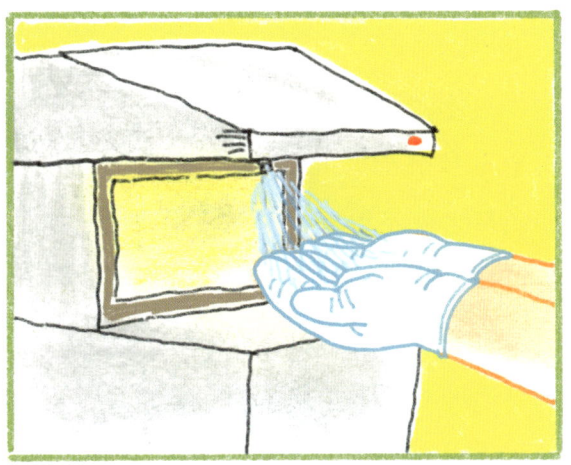

"안녕하세요?"

식재료를 배송해 주는 기사님이 인사하며 급식실로 들어와요.

배송 기사님도 위생 모자를 쓰고 위생복을 입어야 해요.

"영차."

무거운 물건을 하나씩 내려놓고 있어요.

덥지 않은 날인데도 기사님 이마에 땀이 송글송글 맺혀 있어요.

기사님은 우리 학교에만 물건을 가져다주는 것이 아니라

다른 학교에도 배송하기 때문에 새벽부터 일을 시작합니다.

오늘은 채소와 과일이 가장 먼저 도착했어요.

우리가 마트에 가면 한곳에서 모든 물건을 살 수 있지요?

하지만 학교에서 사용하는 식재료들은 한곳에서 사지 않아요.

영양 선생님이 있는 이 학교는 급식 인원이 1,000명이나 된답니다.
급식에 쓰이는 식재료 양이 무척 많겠죠?
그만큼 관리를 잘해야 해서 품목마다 나누어서 구매해요.
채소와 과일을 납품하는 농산물 업체,
쇠고기, 돼지고기, 닭고기 등을 납품하는 축산물 업체,
생선, 바지락, 멸치와 같은 해산물을 납품하는 수산물 업체,
배추김치, 총각김치, 깍두기와 같은 김치를 납품하는 김치 업체,
식용유, 된장, 고추장과 같은 양념류와 떡 등을 납품하는 공산품 업체 등
여러 곳에서 식재료들을 구매하고 있답니다.

그럼, 이제 식재료 검수를 해 볼까요?
맛있고 건강한 급식을 만들려면 신선한 식재료가 기본인 만큼
검수는 아주 중요한 과정이에요.
학부모 모니터링 제도가 있어서 학부모님도 검수에 참여할 수 있어요.
학부모님들이 검수에 참여할 때에도 위생 신발로 갈아 신고 위생 모자와
마스크를 쓰고 위생 가운을 입고 손도 깨끗하게 씻어야 한답니다.

이제 오늘 사용할 식재료 목록과
배송 기사님이 가져온 것들이
일치하는지 살펴볼 거예요.
식재료가 냉장차로 잘 운반이
되었는지 기록지를 살펴봐요.

배송 기사님이 물건을 저울에 올려놓아요.
영양 선생님이 검수 일지에 있는 양과 맞는지 확인하고,
포장지에 있는 소비 기한을 확인해서 검수 일지에 적어요.

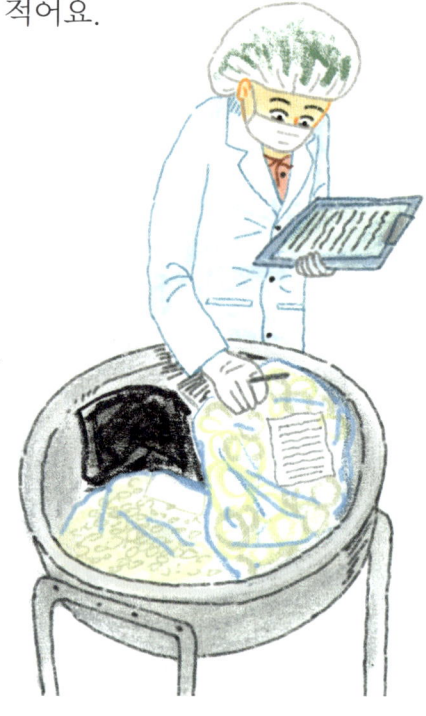

★ 선생님이 보는 기록지에는 뭐가 있어요? ★

타코메타 기록지라고 하는데, 식재료를 운반하는 냉장, 냉동 탑차의 온도가 적혀 있어요. 식중독 사고가 나지 않으려면 업체와 학교 급식실 위생 관리도 중요하지만 그에 못지않게 식품을 운반하는 과정도 중요하답니다. 식재료들을 운반할 때 적절하게 온도가 유지되지 않으면 식중독을 일으키는 세균이 자랄 수 있거든요. 따라서 식품이 안전하게 잘 운송되었는지 기록지를 살펴보는 거예요.

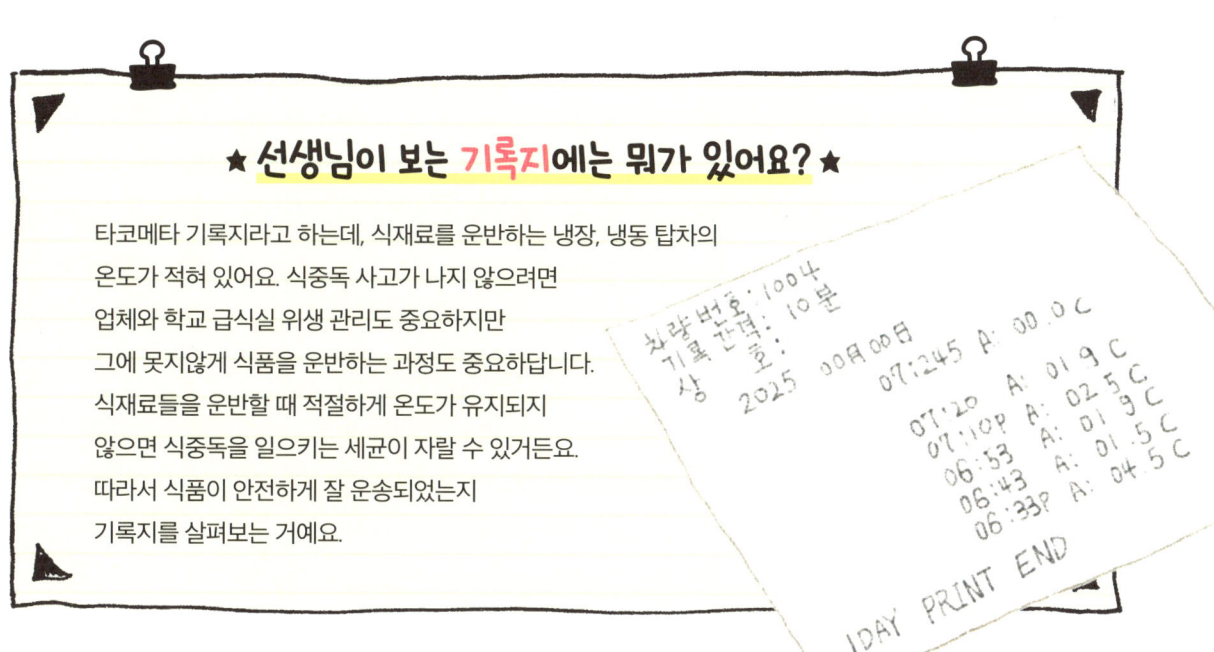

그런 다음 표면 온도계로 깐 감자의 온도를 측정해 검수 일지에 적어요. 깐 감자, 깐 양파와 같이 이미 껍질을 벗겨서 들어온 채소는 껍질이 있는 채소보다 온도 관리를 잘해야 식중독 세균이 자라지 않아요. 총처럼 생긴 표면 온도계는 버튼을 누르면 빨간색 레이저가 뿅 하고 나타나 온도를 재요. 이렇게 손질되어 들어오는 채소는 운반하는 과정에서 상할 수 있기 때문에 냉장 온도 기준을 잘 지켜 운반했는지 더 꼼꼼하게 확인해요.

★ 학교에서는 왜 껍질 벗긴 채소를 사요? ★

학교에서 깐 감자, 깐 양파와 같이 껍질을 벗긴 채소를 사용하는지 궁금하지요? 두 가지 이유가 있는데요. 먼저 급식을 먹는 인원수에 따라 배정되는 조리사 선생님 수가 많지 않기 때문이에요. 보통 초등학생 1,000명 정도의 급식을 만들 때 조리사 선생님은 일곱 명 정도 배정되어요. 이렇게 적은 인원이 급식 시간에 맞추어 조리하려면 빠르게 조리해야 한답니다. 깐 감자, 깐 양파와 같이 손질되어 있는 채소는 조리 시간을 줄일 수 있어요. 또 다른 이유는 위생 때문이지요. 흙에는 식중독을 일으키는 바실루스세레우스균이나 대장균 같은 세균이 살고 있는데요. 흙이 묻어 있는 채소가 급식실로 들어오게 되면 흙과 함께 세균이 묻어 들어와 식중독을 일으킬 가능성이 높아지지요. 이런 세균들이 급식실로 들어오는 것을 처음부터 막기 위한 이유도 있답니다.

채소와 과일, 쌀은 신선한 식품인지 검수하는 것 말고도
또 살펴보는 것이 있어요.
바로 친환경 농산물 라벨을 확인하는 일입니다.
학교에서는 친환경 농산물로 급식을 만들어요.
친환경 농산물이 뭐냐고요?
농약과 비료를 사용하지 않았거나
아주 조금만 사용해서 키운 농산물을 말해요.
이렇게 키운 친환경 농산물은 여러분의 건강에도 좋지만
땅과 지하수의 오염을 줄여서 지구도 건강하게 도와준답니다.

고기를 검수할 때는 색깔과 윤기가 좋은지, 탄력이 있는지,
어떤 냄새가 나는지 등을 살펴보면서 신선한 고기인지 확인해요.
소고기는 진한 붉은색을, 돼지고기와 닭고기는 연분홍색을
띠는 것이 신선한 고기랍니다.
그 밖에도 원산지가 국내산인지, 무항생제 축산물인지 이력을 확인해요.
무항생제 축산물이란 항생제나 성장 촉진제 등을
사용하지 않고 키운 소, 돼지, 닭, 오리, 달걀 등을 말해요.

★ 축산물 이력이란 말이 좀 어렵지요? ★

소고기를 예로 들어 볼게요. 한우인지, 더 자세히는 어느 지역에서 어떻게 키워졌는지 등 소에서 고기가 되는 과정들을 기록하고 관리한 자료예요. 학교에서는 이 정보들을 확인해서 믿고 먹을 수 있는 고기만 급식에 사용해요. 또 축산물의 등급을 알 수 있는 등급판정서는 눈으로만 확인하는 것이 아니라 축산물 원패스라는 인터넷 사이트에서 확인할 수 있도록 투명하게 관리하고 있답니다.

음, 탄력 있어 보이는군!

국산 맞지?

무항생제인지 축산물 이력도 확인해야 해!

이번에는 수산물을 어떻게 검수하는지 살펴볼까요?
맛있는 국물을 만드는 멸치와 다시마, 조개와
생선, 오징어, 낙지 등 다양한 수산물을 급식 재료로 사용하고 있어요.
국물용 멸치는 은빛을 띠고 비린내가 심하게 나지 않고,
다시마는 짙은 갈색이나 검은색에 크기가 크고 두꺼운 걸 써요.
다른 수산물도 꼼꼼하게 신선도를 확인해요.
일본에서 방사능 오염수를 바다에 버린다는 뉴스 들어 보았나요?
이 뉴스로 부모님이 걱정하는 이야기를 들어 보았을 거예요.
선생님도 걱정이 많은데요, 학교에서는 일주일에 한 번 들어오는
방사능 검사 성적서를 꼼꼼하게 살펴보면서 검수를 한답니다.

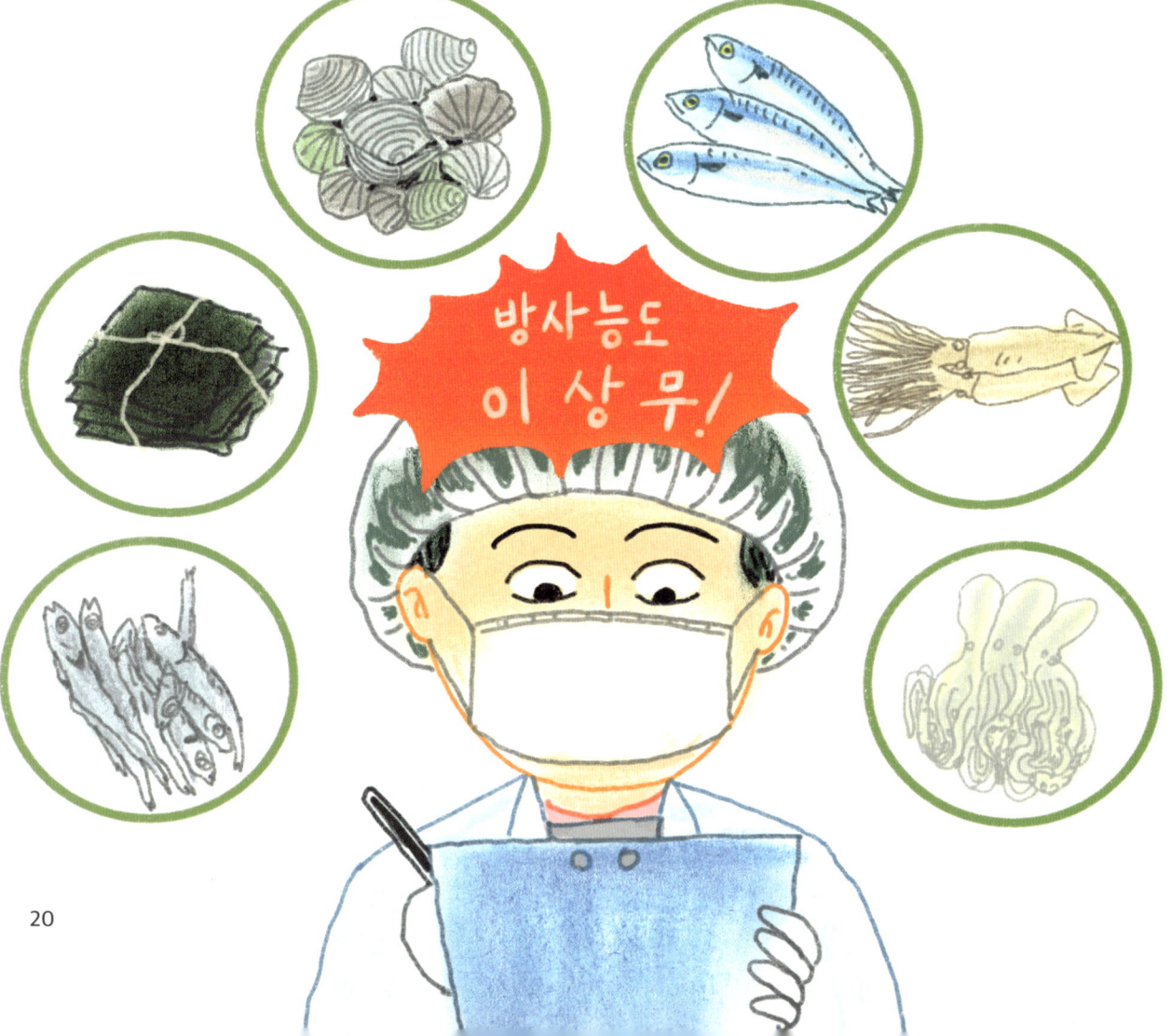

자, 이제 김치 검수를 할 거예요.
김치는 소비 기한을 먼저 살펴보고 원산지도 확인해요.
김치에서 가장 중요한 재료인 배추뿐만 아니라
마늘, 생강, 양파, 고춧가루 같은 모든 양념들까지
국산으로 만들어졌는지 원산지 라벨을 확인하지요.
소독된 수돗물을 사용했는지도 확인해요.
배추를 오염된 지하수로 씻으면 식중독에 걸릴 수 있거든요.
김치는 먹어 봐서 너무 익지 않았거나 너무 익어서
여러분이 먹기에 적당하지 않으면 교환을 요청해요.
그러면 급식 시간에 늦지 않게 다시 가져다준답니다.

마지막으로 공산품을 검수할 거예요.
공산품 업체에서는 간장, 고추장, 된장, 식용유와 같은 양념들과
공장에서 만들어지는 식품들이 들어와요.
양념이나 가공식품의 경우에는 소비 기한을 꼼꼼히 살펴보고
운반하는 도중에 터진 봉지들은 없는지 확인하면서 검수해요.
그리고 원산지를 확인하고 냉장식품과 냉동식품은
온도를 체크해서 검수 일지에 적어요.
휴, 이제 검수가 모두 끝났어요.
검수 과정이 정말 길지요?

이제 검수를 마친 식재료들을
어떻게 맛있고 위생적으로 조리할지
조리사 선생님들과 작업 지시서를 보면서 회의를 해요.
작업 지시서에는 오늘 메뉴를 조리하는 방법과
조리할 때 주의해야 할 점,
위생적인 조리를 위해 꼭 지켜야 할 내용이 담겨 있어요.

★ 검수 일지에는 무엇을 기록하나요? ★

검수 일지는 급식 재료가 잘 들어왔는지 확인하는 문서예요. 재료의 날짜, 검수자, 업체명, 수량, 포장 상태, 신선도, 소비 기한 등을 기록하고, 상태가 나쁘면 반품이나 교환 내용을 적어요. 학교 급식의 품질과 안전을 지키는 중요한 역할을 해요.

★ 작업 지시서가 뭐예요? ★

작업 지시서는 급식실에서 해야 할 일을 기록한 문서예요. 그날의 메뉴, 재료, 요리 방법, 조리 순서, 주의 사항, 안전 수칙이 적혀 있어요. 급식을 맛있고 안전하게 만드는 길잡이 역할을 해요.

오늘 식단은 보리밥, 된장찌개, 편육 장조림,
상추, 견과류 쌈장, 배추김치, 딸기예요.
오늘 특별히 주의해야 할 점은 익히지 않고 그대로 먹는
상추와 딸기를 철저하게 소독하는 것과 편육 장조림이 속까지
잘 익었는지 온도를 지켜서 조리하는 것이랍니다.
모든 준비를 마쳤어요.
맛있는 급식을 위해 출발!

이제 조리사 선생님들이
각자 맡은 자리로 가서 조리를 시작해요.
급식 시간에 늦으면 안 되기 때문에
조리사 선생님들이 바쁘게 움직여요.
밥을 준비하는 조리사 선생님은 뽀도독뽀도독
쌀과 보리를 씻어서 불려 놓아요.

오늘 먹을 쌀 양은 74킬로그램이에요.
2리터짜리 생수통을 본 적 있지요?
74킬로그램은 2리터짜리 생수통 37개 정도의 무게예요.
2리터 생수통 37개 되는 쌀 양을 오늘 한 끼에 먹을 거예요.
불린 쌀과 보리는 취반기라는 기계에 집어넣어요.
밥은 밥물의 양을 잘 맞추는 것이 중요하기 때문에
조리사 선생님이 신중하게 물을 넣고 있어요.
국을 끓이는 조리사 선생님은 물에 국물용 멸치와
다시마를 넣어 감칠맛 나는 국물을 만들어요.

국을 끓이는 조리사 선생님이 초록색 도마와 칼로
깨끗하게 씻은 채소들을 먹기 좋게 썰고 있어요.
아주 많은 양의 채소를 썰 때는 채소 절단기라고 부르는 기계를 이용해요.
오늘은 된장찌개에 들어가는 감자를 채소 절단기로 자를 거예요.
기계가 '윙' 하는 소리를 내며 돌아가더니 커다랗고
동글동글한 감자가 순식간에 먹기 좋은 크기로 잘려 나왔어요.
채소 절단기는 칼 모양을 바꾸면 깍두기 모양, 길쭉길쭉한 채,
나박 모양 등 여러 가지 모양으로 썰 수 있어요.
채소를 가는 기계도 있는데요, 많은 양의 통마늘도
이 기계에 들어가면 3분 만에 잘게 다져져서 나와요.

★ 사용하는 도마 종류가 다양해요! ★

앞에서 서로 오염되는 것을 막기 위해 전처리, 조리, 세척, 배식 작업을 할 때 앞치마와 고무장갑을 구분해서 사용한다고 했죠? 마찬가지로, 도마와 칼도 세균이 옮겨가지 않도록 고기용, 해산물용, 채소용, 소독한 채소용, 김치용, 익힌 고기용으로 나누어 사용해요. 그래서 급식실에는 여러 가지 색깔의 칼과 도마가 있답니다. 참! 칼과 도마의 색깔은 학교마다 조금씩 다르지만, 모두 위생을 위해 이렇게 구분해서 사용하고 있어요.

편육 장조림에 들어가는 고기를 삶기 위해 물을 받고 있어요.
편육은 고기에서 냄새가 나지 않게 조리하는 게 중요해요.
고기 삶는 물에 된장과 마늘, 생강, 양파, 청주를 넣어 냄새를 잡아요.
그런 뒤 기다란 주걱으로
타지 않도록 저어 주어요.

다른 한쪽에서는 상추와 오이를 씻고 있어요.
상추는 하나하나 꼼꼼하게 살펴보며
씻어야 해서 시간이 오래 걸려요.
오이는 겉이 까슬까슬한 게
신선한 것이랍니다.
오이에 굵은소금을 문지르며 씻어요.
상추와 오이, 딸기는
소독액에 넣어 소독해요.

★ 채소를 소독한다고요? ★
그럼 우리가 소독약을 먹는 건가요?

채소에는 식중독을 일으키는 세균이 묻어 있을 수 있어요. 익히지 않고 생으로 먹게 되면 혹시라도 세균 때문에 배가 아플 수 있어 학교에서는 생으로 먹는 채소의 경우 소독해서 제공한답니다. 물론 채소를 소독하는 소독액은 안전성이 검증된 소독액을 사용하지요. 게다가 소독한 이후에 흐르는 물에 세 번 이상 깨끗이 씻은 채소만 식판에 올라가니 걱정 없이 맘껏 먹어도 된답니다.

가열 조리하지 않은
채소 및 과일은 먼저 세척

염소 소독제를 제조하여
소독액 농도 확인

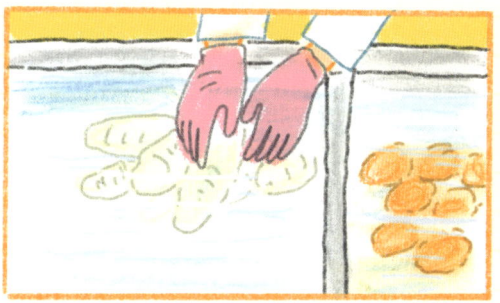
5분간 담가 소독

흐르는 물에 3회 이상 세척

또 다른 쪽에서는 견과류 쌈장을 만들고 있어요.
견과류 쌈장에는 고추장, 된장, 마늘, 참기름, 설탕, 깨, 파, 호두, 해바라기씨, 땅콩은 물론 곱게 간 사과도 들어가요.
작업 지시서에 있는 양에 맞춰서 넣은 후 잘 섞어요.
어느새 맛있고 고소한 쌈장이 완성되었어요.

맛있는 냄새가 솔솔 조리실 밖까지 퍼지고 있어요.
편육이 부드럽고 먹기 좋게 삶아졌어요.
편육이 속까지 완벽하게 익었는지 중심 온도계를 이용해서 확인해 볼까요?
검수할 때는 채소와 고기의 표면 온도를 재는 표면 온도계를 사용하지만
고기가 다 익었는지 확인할 때는 끝이 뾰족한 중심 온도계를 사용한답니다.
고기 중간을 찔러 온도가 75도를 넘어야만 식판에 올라갈 수 있어요.
한 군데만 체크하지 않고 세 군데 정도 더 찔러 보아요.

덜 익은 고기를 먹으면 배가 아플 수 있어서
온도를 체크하는 것은 아주 중요한 과정이랍니다.
온도계에 90도가 나왔어요. 합격입니다.
중심 온도를 체크한 다음에는 급식 일지에 온도를 적어야 해요.
자, 덩어리째로 삶은 편육은 먹기 좋게 자를 거예요.
편육을 자를 때는 노란색 도마와 노란색 칼을 사용해요.

맛있게 됐다!

보기 좋은 떡이 먹기도 좋다는 말이 있지요?
보기에 좋으면 먹을 때 기분이 더 좋게 느껴진다는 말이에요.
다 만들어진 음식은 먹기 좋고 예쁘게 넓은 그릇에 담아요.
영양 선생님은 중간중간 음식 간도 보고, 위생 상태도 확인해요.
급식 식단과 식재료에 대한 교육 자료를 게시판에 붙이고,
사무실에서 업무를 보기도 해요.

이제 급식 시간이 얼마 안 남았어요.
된장찌개는 맛있는 냄새를 내며 보글보글 끓고 있어요.
국물은 염도계에 넣고 염도가 얼마나 되는지 체크해요.
학교 급식은 소금 안에 있는 나트륨을 너무 많이 섭취하지 않도록
국의 염도를 0.6~0.7퍼센트 사이로 맞추고 있답니다.
"띠리리리리리리리~"
때마침 음식들이 "준비 완료!" 하고 외쳐요.
밥이 다 되었다는 알람 소리도 들려오네요.

★ 잠깐 영양 상식! ★

나트륨이라는 영양소를 들어 본 적이 있나요? 영양소는 적당하게 골고루 섭취하는 것이 중요한데요. 영양소 중에는 너무 많이 먹으면 좋지 않은 영양소도 있어요. 그중 하나가 나트륨이에요. 우리는 짜게 먹는 식습관 때문에 나트륨을 기준치보다 많이 먹고 있어요.

나트륨을 많이 먹으면 어린이들도 고혈압, 심장병 같은 성인병에 걸릴 수 있어요. 또 나트륨은 소변으로 몸에서 나갈 때 키를 크게 해 주는 칼슘이라는 영양소를 같이 데리고 나가기 때문에 나트륨을 많이 먹으면 키가 잘 안 클 수도 있답니다. 따라서 급식에서뿐 아니라 가정에서도 짜게 먹지 않는 식습관이 중요해요. 나트륨은 과자, 라면과 같은 가공식품에도 많이 들어 있어요. 키가 크고 싶다면 과자나 라면과 같은 나트륨이 많이 들어 있는 식품은 피하는 게 좋겠죠?

세계 보건 기구(WHO)는 건강을 위해 하루 나트륨 섭취 권장량을 2,000밀리그램으로 정해 두었어요. 그런데 라면 한 그릇만 먹어도 하루 권장량에 가까운 나트륨을 섭취하게 된다는 사실, 알고 있나요? 나트륨을 너무 많이 먹으면 뇌졸중, 위장병, 심장 질환, 고혈압, 골다공증 같은 병이 생길 수 있어요. 짠 음식은 적게, 채소와 과일은 많이 먹으면 우리 몸이 더 건강해진답니다!

오늘은 우리 몸이 좋아할 건강한 선택을 해 볼까요?

★ 잠깐 건강 상식! ★

뇌졸증
뇌로 가는 피가 막혀 몸의 한쪽이 잘 안 움직이거나 말하기가 어려워지는 병이에요.

위장병
위나 장이 약해져 배가 아프거나 속이 불편해지는 병이에요.

심장 질환
심장이 약해져 가슴이 두근거리거나 숨이 차는 병이에요. 심하면 쓰러질 수도 있어요.

골다공증
나이가 들거나 영양이 부족하면 뼈가 약해져서 쉽게 부러지는 병이에요.

고혈압
피가 너무 세게 흘러 혈관이 약해지는 병이에요.

다 완성된 음식은 여러분이 먹기 전에
영양 선생님이 마지막으로 검식을 해요.
음식의 간은 적당한지, 색은 여러 가지 색깔로
잘 조화가 되어 있는지, 이물질은 없는지 등을
직접 먹으면서 살펴보는 거예요.
급식 사진을 찍어 학교 홈페이지에도 올려요.
"우리 아이가 오늘 이런 급식을 먹네."
하고 부모님들이 알 수 있답니다.
그러는 동안 조리사 선생님들은 보존식을 담아요.

★ 보존식이 뭐예요? ★

보존식이란 혹시라도 식중독 사고가 발생했을 때 원인이 무엇인지 조사하기 위해서 급식을 할 때마다 용기에 따로 담아 보관해 둔 걸 말해요. 혹시라도 다른 균이 들어가지 않도록 소독된 보존식 통에 음식을 넣어 영하 18도에서 6일 동안 보존식 냉동고에 꽁꽁 얼려 둡니다.

완성된 음식들은 배식대에 놓여 여러분을 기다려요.
위생 모자와 마스크, 앞치마, 위생 장갑으로 중무장한
배식 선생님들도 각자 주걱, 국자, 긴 수저를 들고
맛있는 급식을 나눠 줄 만반의 준비를 갖췄어요.
"얘들아, 어서 오렴."

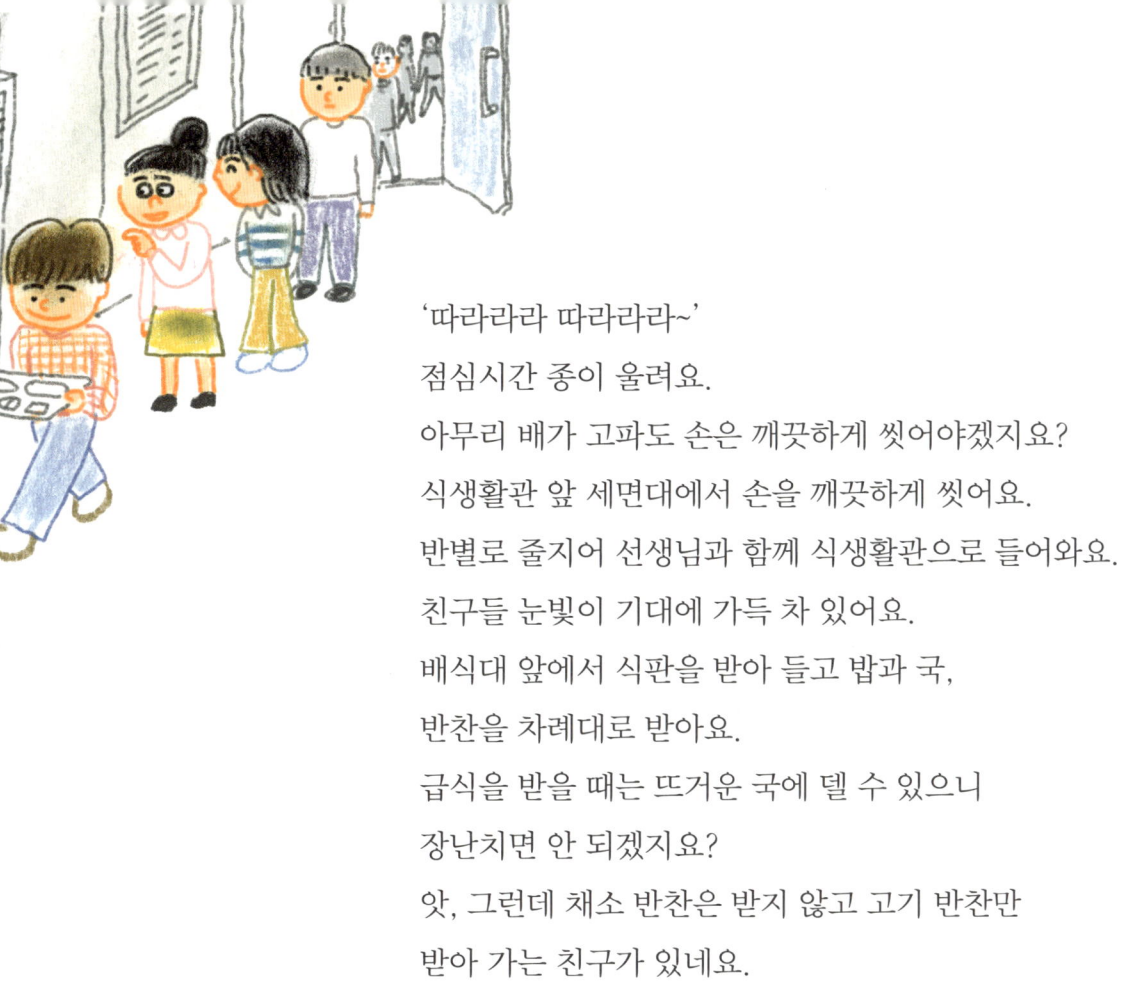

'따라라라 따라라라~'

점심시간 종이 울려요.

아무리 배가 고파도 손은 깨끗하게 씻어야겠지요?

식생활관 앞 세면대에서 손을 깨끗하게 씻어요.

반별로 줄지어 선생님과 함께 식생활관으로 들어와요.

친구들 눈빛이 기대에 가득 차 있어요.

배식대 앞에서 식판을 받아 들고 밥과 국,

반찬을 차례대로 받아요.

급식을 받을 때는 뜨거운 국에 델 수 있으니

장난치면 안 되겠지요?

앗, 그런데 채소 반찬은 받지 않고 고기 반찬만

받아 가는 친구가 있네요.

★ 급식을 왜 골고루 먹어야 하는지 알려 줄게요 ★

여러분이 잘 자라려면 식판에 올려져 있는 모든 음식을 골고루 잘 먹어야 해요. 급식 식단은 여러분이 건강하게 잘 자라도록 성장 발달에 꼭 필요한 영양 관리 기준에 맞추어져 있어요. 식단에 나온 음식 중 하나라도 먹지 않는다면 그날은 우리 몸에 그만큼의 영양소를 채울 수 없게 되겠지요? 먹고 싶은 음식만 먹고, 먹기 싫은 음식을 버리거나 먹지 않는다면 당장은 괜찮을지 몰라도 부족한 영양소로 인해 어른이 돼서는 건강에 심각한 문제가 생길 수 있답니다. 그러니 급식을 받을 때는 먹기 싫은 음식이라도 조금씩 받아서 먹어 보는 것이 좋아요. 아주 조금씩이라도 먹어 보면 나중에는 잘 먹을 수 있을 거예요.

'냠냠, 쩝쩝, 후루룩.'
맛있게 골고루 잘 먹는 친구들을 보면 기분이 좋아요.
여러분이 건강에 좋은 급식을 먹고 쑥쑥 잘 자랄 테니까요.
앗, 그런데 상추를 먹지 않으려고 바닥에 일부러 떨어뜨리는 친구가 있네요.
김치를 먹지 않고 퇴식구에 버리는 친구도 보여요.
반면 밥이랑 국은 물론이고 고기랑 야채도 다 먹는 친구도 있네요.
급식을 다 먹지 않고 버리게 되면 건강에 좋지 않다고 했죠?
이렇게 급식을 남기면 지구도 아프게 하는 거예요.
먹고 남은 음식물 쓰레기는 썩으면서 나쁜 냄새를 풍기고 온실가스도 내뿜어요.
그리고 땅에 묻히면 썩은 물이 땅속으로 흘러들어 흙도 물도 오염시켜요.

어때요? 건강도 지키고 지구도 지키려면 급식을 남기면 안 되겠지요?
그러니 급식은 꼭 골고루 받아서 남기지 않고 먹어요!
약속해요, 우리.

급식에 대해서 더 알고 싶은 건 없나요?
그럼, 급식에 관한 재미있는 질문 세 가지를 공개할게요.
짜잔!

선생님, 다른 요일보다
수요일에는 왜 맛있는 급식이 나오는 거에요?

대부분의 학교에서
'다 먹는 날' 또는 '잔반 없는 날'을
수요일에 운영하기 때문인데요.
수요일에 맛있는 음식을 해야 한다는 기준이나
법칙은 없지만 남기는 음식이 없도록 하려면
한 그릇 음식이나 여러분이 좋아하는 음식으로
식단을 짜야 하겠죠?

아, 그렇군요. 친구들이랑 왜 수요일에는
급식이 더 맛있는지 이야기해 본 적이 있었거든요.
그때 저는 수요일이 중간에 껴서 지루한 날이라 영양 선생님이
우리에게 힘내라고 맛있는 급식을 주는 줄 알았어요.

선생님, 학생들이 좋아하는 메뉴는 따로 있는데 왜 학교 급식에는 싫어하는 음식도 나오는 거예요? 아이들이 좋아하는 음식만 나오면 음식물 쓰레기도 줄어들 것 같은데요.

교육청에서는 해마다 《학교 급식 기본 방향》이라는 책을 만들어서 선생님들에게 나누어 줘요.
급식의 '기준'이 되는 책이에요.
이 책에는 식단을 짤 때 지켜야 할 여러 가지 기준이 나와 있어요.

- 곡류, 채소류, 과일류, 어육류, 콩류, 유제품 등 다양한 식품을 사용할 것
- 튀긴 음식류는 주 2회 이하로 제공할 것
- 너무 짜거나 단 음식, 첨가물이 많이 들어간 식품은 되도록 사용하지 않을 것
- 조미료를 사용하지 않을 것

이것 말고도 성장기 어린이를 위한 다양한 기준들이 있어요.
이런 기준들을 지켜 식단을 짜다 보니, 여러분들의 입맛에 안 맞는 음식도 있을 거예요.

영양 선생님 생일에는 급식에 미역국이 나오나요?

아주 재미있는 질문이네요.
선생님 생일이라고 미역국을 급식에 내지 않아요.
다만 학교 생일인 개교기념일에는 떡 케이크와 미역국을 급식으로 준비해 여러분들과 함께 나누어 먹으면서 축하하는 시간을 가지기도 해요.

'따라라라 따라라라~'
급식 시간이 끝나는 종이 울려요.
와글와글했던 급식 시간이 지나면
식생활관은 다시 조용해지지요.

영양 선생님은 급식이 끝나면 잔반통을 확인해요.
어떤 음식을 버렸는지 살펴보고 다음 급식 때 반영해요.
잔반이 별로 없으면 선생님 얼굴에 웃음꽃이 피고
잔반을 많이 남기면 선생님 얼굴은 울상이 되지요.
오늘은 선생님 얼굴에 웃음꽃이 피었어요.
급식을 남기지 않고 잘 먹어서 선생님 얼굴에 날마다
웃음꽃이 피었으면 좋겠어요.

이제 식판을 설거지할 차례예요.
조리사 선생님들이 식판을 닦아서 식기세척기에 넣어요.
첫 번째 칸에서는 세제가 나와 다시 한번 닦고
다음 칸에서는 시원한 물줄기가 식판을 깨끗하게 씻어 줘요.
그다음 칸으로 가면 뜨거운 바람이 나와서 식판을 말려요.
식판 정리를 마치면 급식실을 청소하고 조리 기구와
고무장갑 등도 깨끗하게 씻어서 소독을 해요.
다음 날 급식 준비가 모두 끝나면 조리사 선생님들도 퇴근해요.

② 식판에 온도를 재는 써머라벨을 붙여
소독이 잘 되었는지 확인해요.
뜨거운 열로 잘 소독되었으면 하얀색이었던
종이가 검게 변해요. 색깔이 그대로이면
식기세척기 온도를 조절해 줘야 해요.

③ 마지막으로 식판을 소독고에 넣어요.
높은 온도로 소독하면 다음 날
세균이 없는 깨끗한 식판에
급식을 먹을 수 있어요.

급식 시간이 끝나면 영양 선생님이 퇴근한다고 생각하겠죠?
하지만 영양 선생님은 급식만 관리하는 게 아니에요.
식단을 짜고, 식단에 쓰이는 식재료들을 주문하고,
오늘 메뉴가 영양에 맞게 골고루 제공되었는지
살펴보는 급식 일지를 써요.
그리고 식중독이 일어나지 않도록
위생 일지도 꼼꼼하게 작성해요.

점심 한 끼로 먹는 급식이지만 그에 따른 할 일이 정말 많아요.
아마 선생님 사무실에 가득한 서류들을 보면 깜짝 놀랄 거예요.
여러분들에게 위생적이고 건강한 급식을 제공하려면
이렇게 많은 서류들이 필요해요.
또 급식 업무뿐만 아니라 영양 교육과 상담도 한답니다.

★ 이런 서류들이 있어요 ★

급식일지

급식 일지는 학교 급식을 깨끗하고 안전하게 지키기 위한 중요한 기록이에요. 그날의 메뉴, 식재료 상태, 음식 만드는 과정, 배식과 보관 음식, 시설 점검, 급식 중 있었던 일 등을 적어요.

위생일지

학교에서는 급식실을 깨끗하고 안전하게 유지하기 위해 위생 일지를 작성해요. 손 씻기 같은 개인위생, 식재료 관리, 조리, 배식, 시설 점검 등을 기록하는 문서예요. 이를 잘 기록하면 학교 급식을 더욱 안전하게 지킬 수 있어요.

오늘 5교시에는 3학년 1반에 영양 교육을 하러 왔어요.
우리 친구들이 잘 자라기 위해서는 영양소가 필요한데,
여러 가지 음식을 골고루 먹어야 섭취할 수 있어요.
오늘은 음식에 들어 있는 영양소를 알아보도록 할게요.

우리 몸에 꼭 필요한 탄수화물,
단백질, 지방, 비타민, 무기질, 물.
이 6대 영양소에 관해 설명할게요.

탄수화물은 힘을 내게 하는
영양소인데요. 밥, 국수, 떡, 고구마,
감자, 옥수수 등에 많아요.

단백질은 근육도 만들고, 머리카락,
손톱, 발톱도 만들어요.
단백질은 소고기, 돼지고기, 닭고기,
달걀, 생선, 오징어 등에 많아요.

비타민은 오이, 당근, 브로콜리, 배추와 같은 채소와 포도,
사과, 배, 귤과 같은 과일에 많이 들어 있어요. 피부를 건강하게 만들고
우리가 활기차게 생활할 수 있도록 도와요. 특히 채소, 과일에는
섬유소가 많이 들어 있어서 여러분이 변비에 걸리지 않게 해 줘요.

무기질은 다시마, 미역, 멸치 등에 많이 들어 있어요.
우리 친구들 칼슘이라는 영양소 잘 알고 있지요?
칼슘, 나트륨 모두 무기질에 속하는 영양소랍니다.
무기질과 비타민은 다른 영양소들이
우리 몸속에서 제 역할을 하도록 도와요.

지방은 체온을 유지하고 건강한 피부를 유지하기 위해 필요한 영양소예요.
하지만 많이 먹으면 뚱뚱해질 수 있어요. 참기름, 들기름, 버터,
식용유에 많이 들어 있지요. 달걀프라이를 할 때 기름을 넣듯
다른 음식으로 섭취할 수 있으니 일부러 찾아서 먹을 필요는 없어요.

"에이 물이 무슨 영양소야." 하고 생각하는 친구들도 있겠죠?
물은 우리 몸에서 아주 중요한 역할을 해요.
영양소들이 우리 몸 곳곳에 도달하도록 돕고,
체온도 유지해 줘요. 우리 몸의 70%를 차지하지요.

음식을 골고루 잘 먹어야 각각 다른 역할을 하는
영양소들이 제 기능을 할 수 있어요.
그래야 여러분이 건강하게 자랄 수 있겠지요?
골고루 먹기를 다짐하면서 수업을 마무리할게요.

이제 영양 관리실로 왔어요.

돌아오는 길에 식생활관 앞에 있는 급식 소리함을 열어서

여러분이 넣어 놓은 쪽지를 읽고 있어요.

따뜻한 응원의 말이 적힌 쪽지를 보면 불끈 힘이 솟아요.

물론 이런 쪽지뿐만 아니라 먹고 싶은 것들을 적어 내기도 하지요.

하지만 라면이나 마라탕, 탕후루, 회 같이 급식에 내기 어려운 음식도 있어요.

여러분이 원하는 모든 메뉴를 급식으로 제공할 수는 없지만,

영양 선생님은 맛있고 균형 잡힌 식사를 위해

신중하게 메뉴를 정한답니다.

★ 라면, 마라탕, 탕후루, 회는 왜 안 될까요? ★

라면은 나트륨과 첨가물이 많은 대표적인 식품이에요. 라면 하나만 먹어도 하루에 먹어야 할 나트륨 권장량을 넘어서요. 마라탕은 매운 양념과 여러 가지 향신료가 많이 들어가서 강한 매운맛을 내는데, 아직 소화기가 약한 아이들에게는 소화 문제나 위장 장애를 일으킬 수 있어요. 탕후루는 과일에 설탕 시럽을 잔뜩 묻혀 만든 음식이에요. 달콤한 맛에 많이 먹게 되면 치아가 썩고 살이 많이 찔 수도 있어요. 너무 뚱뚱해지면 키도 잘 안 커요. 그래서 이렇게 몸에 안 좋은 음식들은 급식으로 주지 않아요. 혹시라도 우리 친구들이 밖에서 먹게 되더라도 너무 자주 먹지 않았으면 좋겠어요. 또 회나 초밥같이 익히지 않은 날것의 음식은 식중독을 일으킬 수 있어서 급식으로 제공하지 않는답니다.

이제 영양 선생님도 집에 갈 시간이에요
내일 쓸 검수 일지와 표면 온도계를 검수대에 올려놓고 퇴근해요.
선생님과 함께한 오늘 하루 어땠나요?
여러분의 급식을 위해 많은 분들이 애쓰고 있다는 걸 알게 되었죠?
영양 선생님뿐만 아니라, 농부 아저씨와 어부 아저씨,
식재료를 배송해 주는 기사님, 조리사 선생님, 배식 선생님까지
정말 많은 분들의 정성과 수고가 담겨 있어요.
또한, 여러분이 건강하고 맛있게 먹을 수 있도록
여러 과정을 거쳐 급식이 만들어진다는 것도 알 수 있었죠?
이 모든 분들께 감사하는 마음을 가지고,
급식을 골고루 잘 먹으며 건강하게 자라길 바라요.
그럼 내일, 더 맛있는 급식으로 다시 만나요!

글 이은영
서울에서 근무하는 30년 차 공립 초등학교 영양교사이자 식생활 교육 전문가예요.
전국 교육청과 연수 기관에서 영양 수업과 학교 급식 관련 강의를 활발히 진행하고 있어요.
서울시 영양교사회 회장, 서울시 영양사회 이사, 대한영양사협회 홍보위원회 위원 등으로 활동해 왔어요.
학교 급식 발전에 기여한 공로를 인정받아 학교 급식 공로 부문과 학교 영양·식생활 교육 공모전에서
부총리 겸 교육부 장관상을 받았어요. 또, 교육부 콘텐츠 크리에이터로 활동하며
미디어를 활용한 영양·식생활 교육에도 힘쓰고 있어요.
《우리 학교 급식은 어떻게 만들어질까요?》를 통해 어린이들에게 학교 급식이 얼마나 소중한지,
또 어떤 과정을 거쳐 만들어지는지를 제대로 알려 주고 싶어요.

그림 이갑규
대학에서 그림을 공부하고, 대학원에서는 시를 공부하고 있어요.
그린 책으로는《어린이를 위한 그릇》,《변신돼지》,《소문 바이러스》,《기린의 날개》 등이 있고,
쓰고 그린 책으로는《진짜 코 파는 이야기》,《방방이》,《무서운 이야기》,《우리 아빠 ㄱㄴㄷ》 등이 있어요.
쓰고 그린 책인《진짜 코 파는 이야기》는 제55회 한국출판문화상을 받았으며,
2017년 IBBY 세계 장애아동을 위한 그림책으로 선정되었어요.
유쾌하고 재치 있는 그림책과 동화책을 만들기 위해 꾸준히 노력하고 있어요.

지식 더하기 ❶

우리 학교 급식은 어떻게 만들어질까요?

초판 1쇄 발행 2025년 3월 20일
글 이은영 | 그림 이갑규
펴낸이 김민영 | **편집** 노현주 이나영 | **디자인** 팥팥 | **마케팅** 신성종 | **홍보** 이예지
펴낸곳 봄소풍 | **등록일자** 2023년 12월 7일 | **등록** 제 25100-2023-103호
주소 경기도 파주시 회동길 37-20 202호
전화 070-4200-0327 | **팩스** 070-7966-9327
ISBN 979-11-986761-8-4 73370

※ 이 책은 저작권법에 의하여 보호를 받는 저작물이므로 무단 전재와 복제를 금합니다.
※ 책값은 뒤표지에 있습니다. 잘못된 책은 구입하신 서점에서 바꿔 드립니다.